Malen und Stickern

Im Zoo

Illustrationen: Cecilia Johansson
und Candice Whatmore

Gestaltung: Claire Ever,
Francesca Allen und Matt Durber

Text: Sam Taplin und
Jessica Greenwell

Die Sticker findest du in
der Mitte des Buches.

Bei den Löwen und Tigern

Diese Leute möchten die großen Raubkatzen sehen. Aber wo sind sie? Setze ein paar Löwen und Tiger in ihre Gehege.

TIGER

Tiere aus Afrika

In diesem Teil des Zoos leben Giraffen, Nilpferde und Nashörner. Kannst du sie hier aufkleben?

Verspielte Elefanten

Die Elefanten spielen gerne im Wasser. Kannst du ein Elefantenjunges und ein paar große Elefanten um den Wasserfall herum platzieren?

Pinguine und Seehunde

Es ist Fütterungszeit! Setze ein paar hungrige Pinguine und Seehunde in die Gehege.

Schlangen und Echsen

Hier leben viele Schlangen und Echsen.
Kannst du sie ihrem Schild zuordnen?

Ein Wald voller Vögel

Bunte Vögel aus dem Regenwald
flattern durch die Baumkronen.
Verteile sie im ganzen Vogelhaus.

Im Aquarium

Im Aquarium schwimmen viele unterschiedliche Fischarten. Kannst du einen Hai und viele bunte Tropenfische ins Wasser setzen?

Bei den Schimpansen

Schimpansen sind gute Kletterer. Klebe hier ein paar Schimpansen auf, die sich von Baum zu Baum schwingen.

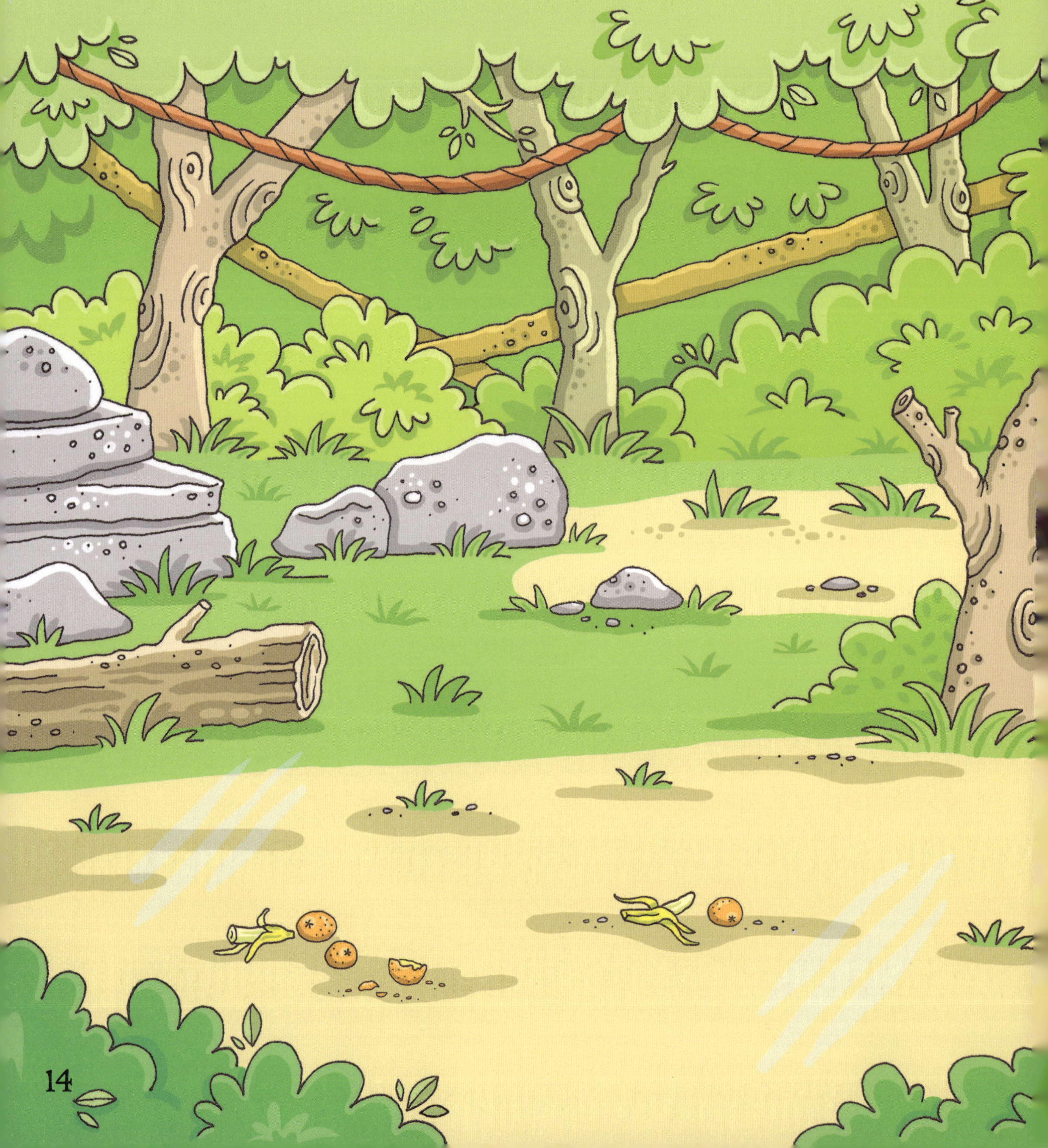

Im Streichelzoo

In diesem Freigehege dürfen die Kinder die Bauernhoftiere streicheln und füttern. Kannst du noch ein Pony, eine Kuh und einige Tierbabys aufkleben?

Bei den Löwen und Tigern

(Seite 2 und 3)

die Tiger und
ihre Jungen

die Löwen
und ihre Jungen

Tiere aus Afrika (Seite 4 und 5)

Verspielte Elefanten (Seite 6 und 7)

die Indischen
Elefanten

Pinguine und Seehunde (Seite 8)

Schlangen und Echsen (Seite 9)

Ein Wald voller Vögel

(Seite 10 und 11)

die Tukane

Verschiedene Papageienarten

die Kolibris

Im Aquarium (Seite 12 und 13)

Bei den Schimpansen

(Seite 14 und 15)

Im Streichelzoo (Seite 16)

die Lämmer

die Kuh

die Gans und die Gänseküken

die Kaninchen

die Ente und die Entenküken

die Ziege mit ihrem Jungen

die Henne und ihre Küken

die Eier

das Pony

die Kinder mit Futter

das Mädchen mit dem Futtereimer

Diese Sticker kannst du auf die Seiten 18 bis 31 kleben.

Klebe diese Sticker auf Seite 32.

Malbuch

In diesem Teil des Buches gibt es jede Menge Bilder zum Ausmalen. Es gibt auch Sticker, die du auf die Seiten kleben kannst. Du findest sie in der Buchmitte.

Löwen und Affen

Die Löwenfamilie sonnt sich in der Sonne und die Affen schwingen sich durch die Bäume. Kannst du sie ausmalen?

Giraffen und Elefanten

Male die hungrigen Giraffen und die verspielten Elefanten, die im Wasser planschen, aus.

Pinguine und Delfine

Die Pinguine und Delfine warten auf ihre Belohnung.
Kannst du sie ausmalen?

Kamele und Nilpferde

Kannst du die Kamele und Dromedare ausmalen?
Und vielleicht noch ein paar Nilpferde?

Meerestiere

Im Aquarium schwimmen viele exotische Meerestiere. Male sie bunt aus.

Im Terrarium

Welche Farben haben die schleichenden Schlangen, kriechenden Echsen und quakenden Frösche?

Laubfrösche

Chamäleon

Im Vogelhaus

Bunte Vögel flattern durch das Vogelhaus. Die Flamingos stehen stolz auf einem Bein im Wasser. Kannst du alle Vögel ausmalen?

Kannst du für jedes Tier
den passenden Sticker finden?